1

{ 6 }

$$\begin{Bmatrix} 1 \\ 0 \end{Bmatrix}$$

{ 1 / 2 }

{ 1 / 4 }

{ 16 }

{ 1 / 8 }

$$\begin{pmatrix} 2 \\ 0 \end{pmatrix}$$

{ 2 2 }

{2/4}

{ 2 6 }

{ 2 8 }

{ 3
  0 }

$$\begin{Bmatrix} 3 \\ 2 \end{Bmatrix}$$

$\begin{Bmatrix} 3 \\ 4 \end{Bmatrix}$

{ 3 6 }

{ 3 8 }

{ 4 0 }

$\begin{Bmatrix} 4 \\ 2 \end{Bmatrix}$

$$\begin{Bmatrix} 4 \\ 4 \end{Bmatrix}$$

{ 4 / 6 }

{ 4 8 }

{ 5
  2 }

$$\begin{Bmatrix} 5 \\ 4 \end{Bmatrix}$$

{ 5 8 }

{ 6 2 }

{ 6 }
{ 4 }

$\begin{Bmatrix} 6 \\ 6 \end{Bmatrix}$

{ 6 }
{ 8 }

{ 7 0 }

{7
2}

{ 7 }
{ 4 }

{ 7 }
{ 6 }

{7 8}

{ 8 }
{ 0 }

{ 8 }
{ 2 }

$$\begin{Bmatrix} 8 \\ 4 \end{Bmatrix}$$

{ 8 6 }

{ 8 }
{ 8 }

$$\begin{Bmatrix} 9 \\ 0 \end{Bmatrix}$$

$\begin{Bmatrix} 9 \\ 2 \end{Bmatrix}$

{ 9 4 }

{ 9 }
{ 6 }

{ 9 8 }

$$\begin{Bmatrix} 1 \\ 0 \end{Bmatrix}$$

$$\begin{Bmatrix} 1 \\ 0 \end{Bmatrix}$$

$$\begin{Bmatrix} 1 \\ 0 \end{Bmatrix}$$

$\begin{Bmatrix} 1 \\ 0 \end{Bmatrix}$

1

{ 1 }

{ 1 }

{1}

{ 1 1 }

{ 1 2 }

Danke dass du Mein Buch gekauft hast.
Bitte schreibe mir eine Rezension , das ich
aus meinen Fehlern lernen kann und
immer bessere Bücher für dich erstellen
kann . Danke!

$$\begin{Bmatrix} 1 \\ 2 \end{Bmatrix}$$

www.ingramcontent.com/pod-product-compliance
Lightning Source LLC
Chambersburg PA
CBHW070653220526
45466CB00001B/417